Kolawolé Seidou

LA RELIGION YORUBA EXPLIQUÉE

Lumière sur les croyances et pratiques spirituelles ancestrales du peuple yoruba

TABLE DES MATIERES

Avant-propos

Introduction à l'alphabet yoruba

Les descendants d'Oduduwa ou peuples dits yoruba

Dites "ÌṢẸ̀ṢE"

Olodumare, l'entité suprême

Les orishas, mandataires d'Olodumare

Ọbatala, le grand orisha

Ogun, maître du fer et du feu

Yemọja, la mère de l'eau

Ọṣun, la féminité suprême

Ọrunmila, le maître des savoirs

Eṣu, le paradoxe

Ṣango, maitre de la foudre et de l'éclair

Autres orishas notables

Entités collectives

Ori, moi spirituel ou orisha personnel

Ifa, système de divination et livre saint

Les outils d'Ifa

Le processus de divination dans Ifa

Ogun şişe, la médecine traditionnelle

Aşẹ

Pour aller plus loin

AVANT-PROPOS

Polythéiste, idolâtre, animiste, fétichiste, etc. Voilà quelques unes des épithètes appliquées aux croyances et pratiques spirituelles de nos ancêtres. Des qualificatifs qui accompagnent un discours condescendant et discriminatoire sur divers aspects des cultures d'Afrique en général dont celle du peuple Yoruba.

En fait, d'autres ont raconté notre histoire à notre place. De la façon qu'ils voulaient et pour le but qui leur convenait. Quand on s'y penche sérieusement, on découvre par-ci et par-là des demi-vérités, des contre-vérités, des inexactitudes ou des contrefaçons dans ce qui a été dit et écrit sur nos cultures. Les nouvelles technologies n'arrangent pas toujours les choses car elles contribuent parfois à répandre très rapidement des faits inexacts en ce qui concerne l'histoire de l'Afrique.

Depuis quelques années, je me suis lancé dans une croisade pour mieux faire connaitre la culture du peuple yorouba. Je ne connais pas tout sur le sujet. D'ailleurs j'en apprends toujours plus chaque jour. Mais étant né en pays yorouba et en y ayant grandi, j'ai la capacité de mieux comprendre, de distinguer le vrai du faux et de mieux expliquer. Mon objectif est de faire en sorte que des informations justes et vraies sur la culture, l'histoire, la langue du peuple Yoruba soient connues par un plus grand nombre de personnes. Et c'est le but que nous devons tous poursuivre si nous ne voulons pas que notre culture périsse d'ici quelques décennies.

De tous les thèmes que je traite, celui de la spiritualité ou de la religion traditionnelle est l'un de ceux qui suscite le plus d'intérêt. C'est aussi probablement celui qui nourrit le plus de fausses idées et d'amalgames. Et c'est bien pour mieux éclairer le sujet que j'ai décidé de le traiter à travers cet ouvrage que je veux simple et explicatif afin qu'il soit à la portée de tous.

J'essaierai donc de décrire et d'expliquer ce en quoi consistent les croyances et pratiques spirituelles selon la tradition Yoruba. Je parlerai de ce que je connais et que je tiens de sources authentiques du pays Yoruba. Je parlerai de ce qui peut-être dit aux profanes et par respect pour ma tradition, je ne traiterai pas de ce qui relève des secrets de l'initiation.

Ceci n'est donc pas un livre d'initiation à la religion traditionnelle yoruba. Ce n'est pas non plus un ouvrage d'anthropologie. Je l'ai conçu pour le grand public afin de donner une idée rapide, globale et précise de l'ensemble des croyances et pratiques spirituelles dans la tradition d'Oduduwa.

INTRODUCTION A L'ALPHABET YORUBA

Aujourd'hui, pour transcrire la langue Yoruba, nous utilisons un alphabet constitué de vingt-cinq lettres comme suit :

a – b – d – e - ẹ - f - g – gb – h – i – j – k – l – m – n – o - ọ - p – r – s - ṣ - t – u – w – y

Ces lettres seront utilisées pour transcrire certains noms et termes yoruba. Il est donc utile de savoir comment s'utilisent ces lettres afin de rendre une prononciation appropriée de ces noms et termes yoruba.

La plupart se prononce comme leurs semblables de l'alphabet français mais il y a quelques unes qui sont particulières.

- **E/e** se prononce toujours comme le "é" dans "été" ou "bébé".
- **Ẹ/ẹ** se prononce toujours comme le "e" dans "bel" ou "sel".
- **O/o** se prononce toujours comme le "o" dans "moto" ou "photo".
- **Ọ/ọ** se prononce généralement comme le "o" dans "bord" ou "fort". Mais quand elle se trouve après la lettre m, elle est nasalisée en "on".

- **S/s** se prononce toujours comme le "s" dans "sol" ou "sale".
- **Ş/ş** se prononce comme le son généré par « ch » comme dans "chaleur" ou "chérie".

LES DESCENDANTS D'ODUDUWA

OU PEUPLES DITS YORUBA

Il s'agit d'un groupe ethnique large et varié dont le territoire autochtone s'étend à la fois sur l'ouest de l'actuel Nigeria, le sud-est et le centre de l'actuel Bénin ainsi que le centre-est de l'actuel Togo. Même si les composantes de ce groupe peuvent sembler différentes sur certains détails, elles s'identifient à une origine commune et à un même ancêtre fondateur.

Cet ancêtre fondateur, père spirituel de tout ce grand peuple s'appelait *Oduduwa*. L'histoire rapporte que c'est un prince venu de l'est (du Soudan, de l'Egypte ou de l'Arabie selon les diverses sources). Fuyant des persécutions dans son pays d'origine, il arriva en compagnie du groupe qui l'avait suivi dans la région d'*Ile-Ifẹ* (situé dans l'actuelle république fédérale du Nigeria). Il y trouva seize communautés autochtones, menées par un certain *Ọbatala*, qu'il dût combattre et vaincre. Il les fédéra ensuite en un cité-royaume nommée *Ile-Ifẹ* et dont il fut le premier roi portant le titre de *Ooni/Ooni Ifẹ*.

Les sources qui disent qu'*Oduduwa* est venu de l'Arabie précisent qu'il en a été chassé parce qu'il défendait la religion ancestrale dans un contexte où l'Islam commençait à prospérer. Religion ancestrale qu'il va instaurer à *Ile-Ifẹ*. En tous cas, toutes les sources le reconnaissent comme premier leader politique et spirituel de ce nouveau royaume. Raison pour laquelle, toutes les peuplades qui en découleront, quel que soit les différents noms qu'elles prennent, se reconnaissent toujours sous l'étiquette *Awon Ọmọ Oduduwa* (les enfants/descendants d'*Oduduwa*).

Ile-Ifẹ donnera naissance à de nombreuses cités-royaumes dans les régions environnantes. Certains de ces royaumes sont formés par des descendants directs d'*Oduduwa* qui préféreront partir ailleurs afin d'éviter les conflits de succession. C'est le cas par exemple des royaumes de *Ketu*, de *Ṣabe* et d'*Ọyo*. *Ọyo* a été créé par un petit-fils d'*Oduduwa* nommé *Ọranmiyan*. A la tête de ce royaume, *Ọranmiyan* sera succédé par *Ajaka*, puis par *Ṣango* et par bien d'autres qui feront d'*Ọyo* un empire très puissant au plan politique, économique et militaire. Jusque là, les divers royaumes issus d'*Ile-Ifẹ* sont des entités autonomes et indépendantes portant chacune un nom distinct. *Ọyo* leur imposera son hégémonie et s'appuiera souvent sur eux pour mener des guerres de conquêtes et d'expansion sur des royaumes d'autres ethnies comme les Nupe (*Tapa*), Benin (*Bini*), Dahomey (*Danxomè*), etc.

C'est pendant l'apogée du royaume d'*Ọyo* que va émerger le terme «*Yoruba*» utilisé par les Haoussas pour désigner les gens d'*Ọyo*. Cet exonyme sera progressivement appliqué – avec plus ou moins d'acceptation - aux autres peuples frères d'*Ọyo*. Mais certains membres de ce groupe ethnique n'acceptent pas toujours d'être appelés *Yoruba*. Les dénominations les plus consensuelles sont « ***Ọmọ Oduduwa*** » (enfants d'*Oduduwa*) – qui marquent leur unité historique – et « ***Ọmọ Kaarọ Ojiire*** » qui est le marqueur de l'unité linguistique. Mais, convenons qu'à partir de ce point, lorsque j'utiliserai le terme « Yoruba/Yorouba », c'est bien pour désigner dans son entièreté cet ensemble que certains ethnologues appellent les Yoruboïdes

Pour revenir à l'histoire, il faut préciser que sur le royaume Danxomè, l'empire d'*Ọyo* a exercé une domination pendant 80 ans avant d'être défait et refoulé. Ces années de cohabitation forcée expliquent le passage de plusieurs références et pratiques de la religion dite Yoruba dans la religion dite Vodoun du Danxomè.

Comme les autres peuples africains, les Yoruba, ont participé d'une façon ou d'une autre au commerce triangulaire et à la traite négrière. Pendant des siècles, des millions d'africains dont des yoruba ont été déportés de force vers les Amériques en tant qu'esclaves. Ils y ont emmené leurs croyances et pratiques spirituelles qui subiront des altérations au fil du temps mais qui resteront vivaces.

En faisant ce bref rappel historique, j'avais deux intentions :

1) Relever les noms de certains personnages historiques que nous retrouverons dans les récits mythologiques.

2) Montrer le point de contact historique entre la religion traditionnelle yoruba et d'autres systèmes spirituels similaires tels que le Vodoun des descendants du Danxomè et les religions d'essence africaine des Amériques (Santeria, Candomblé,etc.).

Mais c'est seulement de la religion traditionnelle du pays yoruba que je veux parler ici.

DITES "ÌṢẸ̀ṢE"

« Culte des Orishas », « religion yoruba » ou même « Ifa ». Voilà des expressions qui sont utilisées pour désigner les croyances et pratiques spirituelles traditionnelles des peuples Yoruba. Toutes ces étiquettes sont, soit réductrices, soit incorrectes. Mais elles ont émergé parce que les Yoruba n'avaient pas un nom propre pour désigner leurs pratiques spirituelles. J'explique cela par le fait que ces croyances et pratiques faisaient partie intégrante de tous les aspects de leur vie. Elles ne constituaient pas un ensemble distinct qu'il fallait nommer. D'ailleurs, il semble bien que les autres peuples dits primitifs (en Afrique comme sur les autres continents) n'avaient pas de nom propre pour désigner leurs croyances et pratiques spirituelles. Mais nous sommes aujourd'hui dans un monde d'étiquettes (qui se terminent souvent par –isme) et il en fallait bien une ici aussi. C'est pour éviter les expressions incorrectes ou réductrices générées par des étrangers que l'expression *ÌṢẸ̀ṢE* est de plus en plus employée pour parler de la religion traditionnelle yoruba (et le terme *ONÌṢẸ̀ṢE* pour parler d'un adepte de cette religion). ÌṢẸ̀ṢE signifie « origine des traditions ». Nous l'utiliserons souvent afin d'éviter la périphrase « croyances et pratiques spirituelles traditionnelles Yoruba ».

Ceci dit, qu'est-ce ÌṢẸ̀ṢE ? Juste une spiritualité, toute une religion ou surtout un style de vie ? Eh bien, ÌṢẸ̀ṢE est tout cela.

ÌṢẸ̀ṢE est un ensemble de croyances qui induit un culte, des rituels, une façon de penser et de vivre. Ces croyances sont contenues dans un grand livre qui est transmis oralement depuis des siècles. Ces croyances expliquent l'origine du monde, le fonctionnement de la vie et les pistes à suivre pour mener une vie accomplie.

Ces croyances professent l'existence et l'interconnexion de deux mondes : un monde physique, visible et un monde spirituel, invisible. Le monde physique, visible (*Aye*) est celui où les êtres humains, les animaux et les plantes sont de leur naissance à leur mort. Le monde spirituel, invisible (*Ọrun*) est là où nous étions avant notre naissance et où nous irons après notre mort. Il est peuplé de nombreuses entités de divers niveaux et aux pouvoirs divers.

Les entités qui sont dans le monde spirituel ont la capacité d'influer ce qui se passe dans notre monde physique. D'où le besoin des hommes de solliciter leurs faveurs afin d'avoir une vie terrestre plus aisée.

Il existe une communication entre les deux mondes et dans les deux sens. Les êtres humains peuvent prendre connaissance de ce que pensent et veulent les entités du monde spirituel par le biais d'un système de divination

(*Ifa*). Dans l'autre sens, les hommes peuvent exprimer leurs désirs, demandes et gratitudes aux entités du monde invisible à travers des rites, invocations et offrandes.

Les concepts du diable et du péché originel n'existent pas dans *ÌṢÈṢE* : il n'y a pas d'entité cherchant à mener les hommes à la perdition ni un péché commis par d'autres et pour lequel l'on doit se racheter.

ÌṢÈṢE nous enseigne que chaque entité de la vie – tant l'être humain, l'animal, le végétal que certains autres éléments de la nature - a une dimension spirituelle.

ÌṢÈṢE nous dit que chaque humain choisit librement son destin (*Ipin/Ayanmọ*) avant sa venue sur terre. Ses difficultés dans la vie peuvent donc être dues à un choix mal informé ou par un oubli de ses buts ou des engagements pris dans l'au-delà.

Il n'y a pas de serment, de profession de foi, de sorte de baptême ou de tout autre rite initiatique pour « entrer » dans *ÌṢÈṢE*. Ce n'est pas une doctrine que l'on accepte ou réfute. C'est pour cela que n'importe qui, quelque soit son origine, peut solliciter, participer ou bénéficier des rites ou pratiques d'*ÌṢÈṢE*. Cependant, il faut passer par une initiation si l'on veut évoluer dans sa pratique en connaissant certains aspects particuliers.

Il n'y a pas un jour spécial réservé au culte où il est interdit de travailler. Dans le calendrier traditionnel yoruba (qui comporte une semaine de quatre jours), chaque jour est dédié à certains orishas majeurs mais c'est surtout lors des célébrations annuelles consacrées à tel ou autre orisha que l'on voit des mobilisations populaires d'adeptes.

Il est difficile de déterminer où commence la religion et où elle s'arrête dans la vie d'un *ONÌṢẸ̀ṢE* car ses croyances impactent (et se reflètent dans) tous les aspects de sa vie…

OLODUMARE, L'ENTITE SUPREME

Polythéiste est un terme qui signifie de façon basique, qui croit en plusieurs dieux ou divinités. C'est le qualificatif qui est appliqué de façons sommaire à toutes les religions dites primitives. Et dans le contexte des grandes religions dites monothéistes, le polythéisme a une connotation péjorative. Comme si l'un était la norme, supérieure et l'autre une aberration, inférieure. Alors qu'ils peuvent juste être deux façons différentes de voir.

Iṣeṣe est-elle une religion polythéiste ? La réponse dépend de ce qu'on appelle dieu ou divinité. J'ai décidé pour ma part d'éviter l'usage, dans cet ouvrage, des termes tels que Dieu, dieu, divinité, etc. Ils servent à désigner des réalités dans des systèmes étrangers et les utiliser pour décrire des réalités du système yoruba implique une sorte de comparaison passive. Or, je veux juste décrire, expliquer et non comparer ou juger.

Nous avions dit précédemment que selon les croyances traditionnelles Yoruba, le monde spirituel est « peuplé de nombreuses entités de divers niveaux et aux pouvoirs divers ». Parmi ces entités, il y a une entité suprême qui est au dessus et au début de tout.

Olodumare, *Ọlọrun* et *Olofin* sont les trois principaux noms par lesquels on appelle cette entité suprême.

D'autres ont écrit que ce sont ses trois manifestations mais je mets cela sur le compte de cette tendance qu'ont certains yoruba à vouloir identifier les concepts yoruba à des concepts étrangers (ici le concept de la trinité). Donc je répète que *Olodumare*, *Ọlorun* et *Olofin* sont les trois principaux noms de l'entité suprême et qu'elle a encore de nombreuses autres dénominations. Et de ces trois noms principaux, *Olodumare* est le plus employé.

Olódùmarè (ou *Elédùmarè*) signifie – selon certains - littéralement « le seigneur du chaudron qui ne tarit jamais ». Il y a d'autres traductions car le terme « *Odu* » en yoruba est polysémique.

Ọlọ́run signifie « le seigneur de l'au-delà ».

Olofin veut dire « le seigneur des lois ».

Nous allons parler en détail des orishas plus loin mais je suppose que vous connaissez au moins vaguement le sujet. Eh bien, certaines personnes listent *Olodumare* parmi les orishas. C'est le moment de lever toute équivoque sur ce sujet : *Olodumare* n'est absolument pas un orisha.

Olodumare est singulièrement et totalement différent de toutes les autres entités du monde spirituel. Il est considéré comme le créateur initial, le patron, le père, le supérieur de toutes autres entités. Et il n'est pas le plus grand orisha, ni le premier orisha. Il est d'une autre nature et il est unique en sa nature. Cela ne souffre d'aucune ambiguïté dans l'esprit de ceux qui connaissant *Iṣeṣe*.

Détail intéressant, les chrétiens d'expression yoruba utilisent les noms d'*Olodumare* pour désigner Yahvé/Jehovah. Et les musulmans qui parlent yoruba en font de même pour Allah.

Cependant, à la différence des religions abrahamiques qui vouent une attention et un culte exclusif à leur « Dieu unique », *Olodumare* est plutôt en retrait en ce qui concerne l'objet des dévotions, implorations et autres demandes exprimées par les adeptes d'*Iṣeṣe*.

Traditionnellement, il n'y a pas de culte direct adressé à *Olodumare*. On ne lui consacre pas de temple, ni d'autel, d'effigie ou d'icône. On ne lui adresse pas non plus de sacrifices ou d'offrandes ni de prières. Si vous observez un culte directement adressé à *Olodumare*: cela dénote plus d'un mimétisme des religions abrahamiques par certains « adeptes modernes ».

Il est au début de tout, au dessus de tout mais ce n'est pas lui qu'on implore. Ainsi va la tradition ici. Ainsi est *ÌṢÈṢE*.

Maintenant, on peut tenter d'expliquer cela : d'abord on peut dire qu'*Olodumare* ne ressent pas la jalousie ou l'orgueil (qui sont des sentiments si humains) et n'est pas ému par le fait que l'attention soit portée sur des entités qu'il a créées...On peut aussi expliquer qu'*Olodumare* a achevé parfaitement la création, n'a plus rien à y ajouter ou retrancher et ne peut donc accéder à une demande allant dans ce sens car cela consisterait pour lui à se dédire. Alors il reste à l'écart en laissant des entités à qui il a donné pouvoir, gérer les tâches subalternes...

LES ORISHAS, MANDATAIRES D'OLODUMARE

Les orishas sont des entités aux pouvoirs surnaturels qui ont été mandatées par *Olodumare* pour guider et assister les créatures – dont les êtres humains – afin que leur vie soit plus aisée.

En général, quand on parle des orishas, les entités auxquelles on fait référence sont pour la plupart des *Irunmọlẹ*. Mais il y a bien des orishas qui ne sont pas des *Irunmọlẹ*. Nous allons faire un résumé de la création du monde selon la tradition yoruba pour expliquer la différence entre ces termes.

Au début, la Terre n'existait pas. *Olodumare* était dans les cieux (*Ọrun*) avec des créatures appelées *Irunmọlẹ*. En-dessous des cieux, il n'y avait qu'une étendue d'eau interminable. *Olodumare* donna l'ordre à un *Irunmọlẹ* nommé *Ọbatala* de descendre pour créer la Terre et les êtres humains. Certaines versions précisent que *Olodumare* a donné l'ordre à *Ọbatala* en présence de *Eṣu, Ọrunmila, Ogun* et *Oduduwa*. *Ọbatala* s'équipa de quelques objets qu'il mit dans un sac en bandoulière et descendit le long d'une chaîne qu'il avait lancée dans le vide. Arrivé juste au dessus de l'eau, il jeta du sable puis lâcha un volatile (coq ou pintade selon les versions). Le volatile éparpilla le sable de ses pattes (comme font les poulets qui cherchent la nourriture dans le sable) et cela forma des vallées, collines, montagnes et la Terre entière. Ọbatala se laissa alors choir de sa chaîne sur la Terre afin de commencer la création des hommes. L'endroit où il a atterri sera *Ile-Ifẹ* (c'est pour cela que les Yoruba disent qu'*Ile-Ifẹ* est le berceau de l'humanité). Ọbatala commença à façonner les hommes et il sera assisté par d'autres *Irunmọlẹ* descendus après la formation de la Terre. Ces *Irunmọlẹ* vivront sur terre avec les hommes avant de retourner plus tard vers les cieux dans diverses circonstances.

Quand on parle d'orisha, on cite le plus souvent des entités comme *Ọbatala, Ọrunmila, Eṣu, Ogun, Osun, Yemọja*, ou *Oduduwa* qui sont des *Irunmọlẹ*, des entités qui étaient avec *Olodumare* avant la création de la Terre et des hommes. Mais il y existe bien des orishas qui ont été d'abord des êtres humains comme tout autre et qui ont accédé à la position d'orisha après leur décès.

En fait, tout être humain peut devenir un orisha. Et c'est un processus qui s'est produit fréquemment dans l'histoire des Yoruba pour les fondateurs de cités, les rois, certains guerriers vaillants, certains chefs de famille ou des personnes ayant accompli un exploit. Un peu comme la béatification ou la canonisation chez les catholiques. La portée géographique de ces orishas là est plus réduite en général parce que souvent limitée à leur région, ville ou famille. Mais quelques ont pu se propager dans tous le pays yoruba et atteindre en quelque sorte un statut élevé.

Dans un certain sens, tout être humain vivant est un orisha en puissance. Ce point sera mieux perçu quand nous parlerons de ce qu'on appelle *Ori*.

Ceci dit, qu'ils soient *Irunmọlẹ* ou non, les orishas sont sollicités par les hommes pour tous leurs besoins qui dépassent le cadre de possibilité de leurs actions personnelles. On les vénère, on les adore, on les prie, on leur adresse des offrandes. On leur consacre des temples, des autels et des effigies. Des actions qu'on n'adresse pas à *Olodumare*. Et ce n'est pas mieux ou pire que tel que font d'autres. Ainsi va la tradition. On peut essayer d'expliquer cela à l'aide d'un principe de la spiritualité qui dit que « Un est tout et tout est un ». *Olodumare* est le UN. Et les orishas sont le Tout. Vénérer le Tout consiste à vénérer aussi l'Un.

NOMBRE : Combien y'a-t-il d'orishas ? La tradition dit souvent qu'ils sont au nombre de 401. Certains commentateurs ont des justifications pour expliquer qu'ils sont 600/601 ou 800/801. Dans tous les cas, il faut être conscient que ce chiffre est plus symbolique. Il n'y a pas une liste arrêtée connue des orishas.

TEMPERAMENT : L'une des caractéristiques des orishas – et qui les différencie foncièrement d'*Olodumare* - est le fait que chacun a un tempérament ou caractère. Et cela sert à les classer en deux grands groupes.

Un groupe est composé des orishas ayant un tempérament calme et pacifique. Ils sont réputés comme étant magnanimes, généreux, tolérants. Leurs actions peuvent être lentes mais sont efficaces et permanentes. On les appelle *orisa tutu* (orisha froid/frais). Un second groupe est constitué par les orishas au tempérament chaud. Ils sont spontanés, nerveux, virulents, vindicatifs. Ce sont les *orisa gbigbona* (orisha chaud).

COULEUR : Le nuancier de couleur dans la culture yoruba est basé sur trois concepts : le blanc (*funfun*), le rouge (*pupa*) et le noir (*dudu*). Ces trois couleurs marquent le culte des orishas. La couleur blanche se retrouve dans les emblèmes et autres objets de culte des orishas froid/frais. Pour les orishas chauds, on retrouvera soit le rouge, soit le noir ou alors ces deux couleurs associées. Des couleurs autres que le blanc, le rouge et le noir ne représentent aucun orisha dans la tradition du pays yoruba.

GENRE : Les orishas sont en général des entités individualisées qui sont, soit de genre masculin, soit de genre féminin. L'androgynie ou l'hermaphrodisme n'existe pas vraiment dans la conception traditionnelle yoruba. Mais il arrive que certains orishas soient perçus comme de genre masculin dans une région et de genre féminin dans d'autres. Je crois que cela est dû aux aléas de la tradition orale.

DOMAINE : La plupart des orishas ont des domaines de compétences qui leur sont propres. Ainsi lorsque l'on a une préoccupation cruciale, c'est aux orishas dont la sphère de compétence se rapproche le plus de notre problème que nous nous adresserons. Dans la pratique, cela ne veut pas dire que les adeptes « sautent » d'orisha en orisha au gré de leurs désirs ou problèmes. En général, les gens se consacrent à un nombre réduit d'orisha (un, deux ou trois). Leur choix peut être déterminé par la tradition familiale, par une instruction reçue par divination ou bien par l'expression de la gratitude suite à une satisfaction obtenue de l'action d'un orisha. C'est donc à cet orisha qu'ils adresseront leurs dévotions et demandes régulières. Maintenant, si un problème survient et que l'on ne trouve pas de satisfaction avec l'orisha régulier, on peut s'adresser de façon circonstancielle à un autre ayant une compétence plus pointue.

INVOCATION : Chaque orisha a un nom, souvent des pseudonymes et toujours des *oriki* (noms d'éloge). Il y a aussi des formules de salutations (*kiki*) et des chants (*orin*) propres à chaque orisha. Ce sont là, les éléments de base pour interpeller et louer un orisha. Mais la voie par excellence pour s'adresser à eux consiste à faire une offrande ou sacrifice (*ẹbọ*) qui peut consister en un plat préparé, un ingrédient alimentaire ou un animal. A l'opposé, chaque orisha a ses interdits ou tabous (*eewọ*) qui sont des aliments, ingrédients ou animaux qu'il ne tolère pas et qui ne doivent donc pas se retrouver dans un rituel le concernant. Chaque orisha a ses règles, ses codes, ses instruments, ses symboles et pour éviter de commettre des impaires dans l'adoration, il vaut mieux passer par un *Babaloriṣa* ou un *Babalawo* ou alors se faire initier dans les rites du orisha qu'on veut.

REPRESENTATION : Il est habituel de consacrer un espace particulier (autel) à l'orisha que l'on vénère souvent. Cela peut être une surface dans la cour de la maison, dans la nature, dans un temple, dans un local de la maison, sur une étagère de bibliothèque ou d'armoire. On peut y procéder aux offrandes ou juste y disposer des objets rituels. Très souvent, on y installe une effigie ou icône qui peut être une représentation plus ou moins grossière en bois, en terre ou en métal. Les adeptes d'*Iṣẹṣe* sont bien conscients que l'effigie n'est qu'un accessoire, une petite représentation physique d'une entité supérieure qui n'est pas limitée à un endroit physique.

INDIVIDUALITE : La plupart des orishas sont des entités individualisées. Mais certaines entités du monde spirituel qu'on considère comme des orishas sont des entités identifiées et traitées comme des groupes. C'est les cas de : *Ibeji* (jumeaux), *Eegun* (aïeux), *Ẹgbe/Ẹgbe*

Ọrun (compagnons spirituels). Et puis, il y a un orisha spécial qui existe de façon individuelle mais différente et personnalisée en chaque être humain : *Ori*.

ỌBATALA, LE GRAND ORISHA

Si quelqu'un doit dresser une liste d'orishas, même la plus réduite, et qu'il n'y mentionne pas *Ọbatala*, il faut conclure absolument que cette personne ne connaît pas vraiment les orishas.

Ọbatala est considéré comme le premier des orishas. Il est perçu comme leur ainé (et comme le père de certains).

Dans l'histoire de la création du monde selon la tradition yorouba, *Ọbatala* est le premier *Irunmọlẹ* cité. Il est celui qu'*Olodumare* a envoyé en premier au-dessous des cieux pour créer la terre puis les premiers êtres humains. Pendant qu'il travaillait à façonner les hommes, il s'est désaltéré avec du vin de palme et s'est enivré. En état d'ébriété, il a produit des créatures difformes ou handicapées. Fait dont il s'est rendu compte après son dégrisement et qu'il a profondément regretté. On dit que c'est son remords et son envie de se racheter qui l'ont amené à devenir un orisha très généreux et magnanime envers les hommes.

C'est d'ailleurs en raison de cet épisode qu'un descendant ou un adepte d'*Ọbatala* ne doit pas consommer de boissons alcoolisées ni toute autre substance enivrante.

Ọbatala fait partie des *oriṣa funfun* (orishas blancs). Il représente la paix, la pureté, la lumière divine, la droiture morale. Il est caractérisé par la couleur blanche. On le représente visuellement en tant qu'un vieux aux cheveux blancs, à la barbe blanche, vêtu d'une tunique blanche. Au cours des rites qui lui sont consacrés, on n'utilise que des objets blancs ou blanchâtres.

De façon spécifique, *Ọbatala* est sollicité lorsqu'on recherche le bonheur, du soutien et de l'évolution, des enfants.

Ses offrandes préférées sont: l'igname pilée (*iyan*), l'escargot (*igbin*), …

Ses interdits (*eewọ*) : le vin de palme (*ẹmu*) et les boissons alcoolisées en général ; le chien (*aja*) : l'huile rouge (*epo pupa*) ; le sel (*iyọ*)…

Objets de culte : étoffe blanche (*ala*) ; craie traditionnelle (*ẹfun*) ; perles blanches (*ilẹkẹ funfun*) ; …

C'est *Ọbatala* qu'on appelle encore :

- *Oriṣanla* (Le grand orisha)

- *Baba Al'aṣọ Funfun* (L'homme aux vêtements blancs)

- *Baba Arugbo* (Le vieux)

- *Oṣeeremọgbo* | - *Egbowoji*

OGUN, MAÎTRE DU FER ET DU FEU

Si *Obatala* est, d'après la tradition, le senior de tous les orishas, la réalité factuelle fait d'*Ogun*, l'orisha le plus répandu dans tout le pays yorouba. Il n'y a pas de cité ou de village yorouba où on ne pratique pas le culte d'*Ogun*. *Ogun* est le patron du fer et du feu. Le secret du travail du fer lui a été donné par *Orunmila*. Sur terre, *Ogun* apprendra aux humains comment fondre le métal et le façonner. Par conséquent, il est l'orisha des forgerons et il patronne également tous les métiers qui utilisent des outils comportant du métal. Ce qui comprend les chasseurs, les cultivateurs mais aussi, de nos jours, les mécaniciens et autres techniciens modernes. Les domaines de compétence d'*Ogun* comprennent aussi la politique, la guerre.

Les *Odu Ifa* racontent qu'*Ogun* était parmi les tous premiers *Irunmole* à venir sur terre. Il aimait la chasse et il était considéré comme le guide ou l'éclaireur des orishas. Il leur a frayé un chemin à l'aide de ses outils en fer lorsqu'ils devaient quitter les cieux pour prendre possession de la terre. Il vivait isolé au sommet d'une colline qu'il ne quittait que pour aller à la chasse. A un moment, fatigué de cette vie d'ermite, il décida d'adopter un style de vie plus social. Il descendit de sa colline dans un costume de feu et de sang mais ne trouva demeure dans aucune communauté. Alors il se couvrit de feuilles de palmiers et se dirigea vers une localité appelée Ire où il fut finalement fait roi. C'est de là que provient son appellation *Ogun Onire*.

Un jour, alors qu'il revenait d'un combat, *Ogun* rencontra des gens d'Ire dans un autre village, à un événement où les salutations étaient interdites. Il fut contrarié de n'avoir pas reçu les civilités de la part des gens d'Ire. Arrivé à destination, il fut encore plus en colère quand il ne trouva pas du vin de palme dans les gourdes. Dans une grande fureur, il décapita des gens puis il fut pris de regret lorsqu'il réalisa ce qu'il avait commis. Il planta son épée dans le sol, s'assit dessus et s'enfonça dans la terre. Mais avant de disparaître complètement, il promit aux gens qu'il viendrait toujours à leur secours s'ils l'appelaient en cas de besoin.

Ogun est celui qu'on invoque lorsque l'on jure de dire la vérité : on touche un objet en fer avec la langue ou la main en demandant à être frappé par lui si l'on mentait. Ainsi, dans les tribunaux au Nigeria, lorsque les chrétiens jurent sur la Bible et les musulmans sur le Coran, les adeptes de la religion traditionnelle jurent par *Ogun* sur un morceau de fer.

Ogun est un orisha à qui l'on a recours pour la protection et la direction/l'orientation.

Ses offrandes préférées : le chien (la viande chien).

Ses interdits (*eewo*) : le criquet (*ire*) ; le serpent (*ejo*) ; la biche (*agbonrin*).

Autres dénominations d'Ogun :

- *Ogun Onire*
- *Ogun Lakaaye*

YEMOJA, LA MERE DE L'EAU

Yemoja (ou *Iyemoja*) signifie littéralement « la mère des enfants-poissons ». C'est un orisha féminin, un orisha blanc et un orisha de l'élément aquatique. Souvent présentée comme la mère des orishas ou la mère de certains orishas.

Yemoja est l'un des orishas qui a été le plus « exportés ». Il existe une littérature très abondante sur elle mais la majorité de ce qui se dit sur cette entité est une altération de ce qu'est la *Yemoja* originelle. Précisons bien que dans la tradition yorouba, *Yemoja* n'est pas une sirène (mi-femme, mi-poisson). Elle n'est pas non plus la déesse de la mer. Yemoja est un orisha des eaux douces et elle est la patronne du fleuve *Ogun* qui coule dans l'ouest du Nigeria.

Une légende raconte que le jeune *Şango* rencontra un jour dans la forêt une femme nommée *Majelewu*. Elle vivait dans cette forêt avec son compagnon du nom de *Okere*. Elle présenta à *Okere* le jeune *Şango* qui demeura alors avec eux comme leur fils adoptif. Il reçut d'eux le pouvoir du tonnerre et du feu. Un jour, *Majelewu* et *Okere* eurent une violente dispute et la femme décida de s'en aller. Elle prit la fuite en emportant un canari contenant de l'eau. *Okere* se lança à sa poursuite. Pour lui échapper, *Majelewu* se transforma en une rivière que

Okere tenta de bloquer en se transformant en un grand rocher. Ṣango qui, entretemps, les avait suivis, arriva sur ces lieux. Afin de sauver sa mère adoptive, il usa de son pouvoir de tonnerre pour faire exploser le rocher en mille morceaux et permettre à la rivière ainsi formée de suivre son cours. C'est de là que *Majelewu* devint *Yemọja*. Et la rivière en laquelle elle s'est transformée est identifiée comme le fleuve *Ogun*. Et la forêt où elle vivait est localisée de nos jours à côté de la ville de Shaki, au Nigeria.

D'autres versions de l'histoire de *Yemọja* parlent d'une femme qui n'a pas pu enfanter mais qui a eu à adopter et élever plusieurs enfants. Elle avait des seins énormes. Ce qui était un sujet de moquerie de la part de son compagnon. De chagrin, elle pleura pendant longtemps et se transforma en une rivière…

Yemọja incarne la figure maternelle. Elle est sollicitée pour des questions concernant particulièrement les femmes notamment la maternité.

Autres appellations de *Yemọja* : *Majelewu/Mojelewu* ; *Oluweri*.

ỌṢUN, LA FEMINITE SUPRÊME

Ọṣun est un orisha féminin. Elle est la patronne du fleuve *Ọṣun* qui coule dans l'ouest du Nigeria. Ses domaines de compétences sont la féminité et la beauté, l'intimité (la sexualité), l'amour et la procréation.

C'est un orisha très populaire auprès des femmes (de toutes religions) dans le pays yoruba comme en dehors. De nombreuses femmes de diverses confessions qui désespéraient de ne pas enfanter ont témoigné avoir eu gain de cause après l'avoir sollicité. Chaque année, au mois d'août, une fête qui lui est dédiée se tient à Oshogbo, une ville du Nigeria traversée par le fleuve *Ọṣun*.

Ọṣun et *Yemọja* sont les deux figures féminines prééminentes dans le panthéon des orishas. Si *Yemọja* incarne plus la mère, *Ọṣun* représente plus la jeune femme, la demoiselle.

Dans l'histoire de la création, *Ọṣun* est cependant la première figure féminine mentionnée. En effet, lorsque les *Irunmọlẹ* sont descendus sur terre pour parachever les tâches de la création commandée par *Olodumare*, ils se sont vite retrouvés bloqués. Et quand ils ont cherché à comprendre la cause de leur blocage, *Olodumare* leur a fait comprendre que c'est parce qu'ils avaient négligé

Ọṣun qui représente les femmes. Il leur a révélé qu'ils ne pourraient rien réussir sans impliquer la féminité.

Ọṣun est beaucoup sollicitée pour les questions de procréation mais cela ne constitue qu'une partie de ses domaines de compétences. Ọṣun préside à tout ce qui confère à la femme une certaine puissance : la beauté physique, la séduction, l'amour, le sexe…

Ọṣun est la patronne de la plupart des sociétés secrètes de femmes en pays yoruba.

ỌRUNMILA, LE MAÎTRE DES SAVOIRS

Ọrunmila est l'orisha patron de la sagesse, du savoir, de la divination, des révélations, prédictions et prophéties. Il est souvent cité comme celui qui donne les connaissances et idées aux autres *Irunmọlẹ*. Il est la personnification ou l'incarnation de *Ifa*, le système de divination jusqu'à une confusion entre les deux. *Ọrunmila* est décrit comme un adjoint très proche d'*Olodumare* et comme le Témoin de la destinée (*Ẹlẹri Ipin*) : c'est-à-dire qu'il est présent lorsque les hommes choisissent leur destin. C'est lui qui a apporté le système *Ifa* sur terre et qui l'a enseigné aux hommes.

Ọrunmila est le porte-parole de Ifa et donc le canal de transmission des messages du monde invisible vers les hommes. Quand au cours d'une consultation divinatoire, le Babalawo dit « Ifa a dit que… », c'est en fait Orunmila qui a parlé. A ce titre, lorsqu'on fait des offrandes prescrites après une consultation Ifa, on adresse aussi une offrande à Ọrunmila puisque c'est lui qui a porté l'ordre de prescription. Et l'on adresse également une offrande à un autre orisha très lié à Ọrunmila et dont la tâche consiste à porter le message dans l'autre sens (des hommes vers le monde invisible) : *Ẹṣu*.

Ọrunmila et Ẹṣu constituent un binôme. Ce sont des amis, des partenaires

En ce qui concerne l'origine de leur amitié, la mythologie yoruba raconte qu'*Ọrunmila* était un personnage riche entouré de beaucoup d'amis à qui il faisait souvent des largesses. Un jour, voulant voir qui étaient ses vrais amis, il se cacha dans son plafond et demanda à sa femme de faire courir l'information selon laquelle il était mort. Ses prétendus amis défilèrent les uns après les autres auprès de la femme. Après avoir fait semblant d'être désolés, chacun réclama à l'épouse d'*Ọrunmila* une prétendue dette de ce dernier et reçut l'argent. *Eṣu* arriva finalement, se montra sincèrement désolé sans faire état d'aucun mensonge et révélant même que ce sont eux-autres qui devaient à leur riche ami. *Ọrunmila* qui de sa cachette entendait tout ce qui se passait, finit par sortir pour exprimer sa reconnaissance envers *Eṣu* qu'il considéra désormais comme son seul ami.

Quand on fait un sacrifice à l'un, on en fait toujours à l'autre aussi.

Offrandes préférées d'*Ọrunmila* : un poisson nommé *Eja-ako* ; le vin de palme (ou d'autres liqueurs fortes), le poulet, le rat

Interdits d'Ọrunmila : huile de palmiste (*adi*), vautour (*igunnugun*), singe (*alakedun*)…

EŞU, LE PARADOXE

Eşu (également appelé *Ẹlẹgba*) est étiqueté comme le messager des orishas. C'est lui qui porte les offrandes des humains aux orishas. On l'a souvent aussi vu dans le rôle de celui qui rapporte à *Olodumare* et aux orishas, des choses qui se sont passées sur terre.

Sous cet aspect, il remplit une fonction complémentaire à celle de son partenaire qu'est *Ọrunmila* : *Ọrunmila* transmet les messages du monde spirituel vers le monde physique et *Eşu* fait le même travail mais dans l'autre sens.

Pour en dire plus sur *Eşu* : c'est un orisha qui traîne une réputation sulfureuse. Il y a plusieurs épisodes où on le voit jouer de mauvais tours aux autres. Dans certaines versions de la création du monde, on dit que c'est lui a mis du vin de palme dans la gourde d'Ọbatala... On le décrit parfois comme un personnage nerveux voire colérique. Toutes choses qui peuvent amener des esprits non affûtés à s'empresser de le cataloguer comme mauvais. D'ailleurs c'est son nom que l'Eglise a décidé d'utiliser en pays yoruba pour nommer le personnage biblique Satan. Chose que dénoncent les adeptes d'Iṣẹṣe : *Eşu* (*Ẹlẹgba*) n'est pas Satan.

Eṣu n'est absolument pas une entité malveillante. Il est encore moins le *trickster* du panthéon yoruba (le vrai *trickster* yoruba est ailleurs). Il est l'incarnation de la duplicité/multiplicité qui s'oppose à l'unicité. Il représente le choix à faire, la décision/indécision avec les conséquences (C'est pour cela qu'on dresse ces icônes aux carrefours). *Eṣu* est en fait un élément neutre, un médiateur : ni le bien, ni le mal (ou encore le bien et le mal en même temps). Il est le principe du paradoxe qui doit amener l'homme à cultiver la compassion et l'humilité parce qu'il nous montre que à l'opposé de toute connaissance ou certitude que nous pouvons avoir, il y a une réalité opposée équivalente.

Parmi les sacrifices préférés par *Eṣu*, il y a le cabri (noir). Et ce qu'il n'aime pas sont : l'huile de palmiste noire (*Adi Eyan*) ; noix de kola (*Obi gbanja*) ; les liquides chauds ; la tortue.

ṢANGO, MAITRE DE LA FOUDRE ET DE L'ECLAIR

Ṣango est l'orisha du tonnerre et de la foudre, le patron de la justice. Il fait partie des premiers *Irunmọlẹ* envoyés sur terre par *Olodumare*. Ṣango déclenchait les éclairs et la foudre en lançant vers la Terre des pierres-tonnerre (*Edun Ara*). La foudre qui frappe est perçue comme un acte de justice ou de punition de Ṣango.

Il est décrit comme un guerrier courageux, un personnage honnête et véridique mais agressif qui ne tolérait pas du tout la tricherie, le mensonge, le vol, la cupidité, etc. On lui attribue trois épouses que sont Ọya, Ọṣun et Ọba.

Ṣango portait une sorte de jupe (*yẹri*) sertie de cauris et il avait les cheveux nattés dans le style yoruba dit *ṣuku*. Mais cela ne doit pas faire songer à une quelconque ambiguïté sur sa sexualité. La jupe et les cheveux nattés étaient des attributs de guerriers chez des peuples voisins comme les Bini. C'est probablement d'eux qu'était inspiré l'accoutrement de Ṣango.

Son arme de prédilection est une hache à deux têtes ou à double lame (*Oṣè*) qui est devenu un symbole qu'on retrouve dans toutes ses représentations. Un autre symbole est la pierre-tonnerre (*edun ara*) que les adeptes vont ramasser aux endroits que la foudre a frappé et auxquelles ont attribue des pouvoirs. Ces pierres sont disposées sur les autels consacrés à Ṣango.

Ses offrandes préférées sont : le bélier (*agbo*) ou le bouc (*obukọ*), le petit kola/kola garcinia (*orogbo*). Ses tabous sont : un type d'antilope appelé *Eran Esuro* ; les pois patate (*ewa sise*). Sa couleur est le rouge.

Ṣango est aussi dénommé *Ọba Koso* ou *Olu Koso*.

L'histoire de Ṣango, l'*Irunmọlẹ* est très souvent confondue et mélangée, à tort, avec celle de Ṣango, le troisième roi d'Oyo.

AUTRES ORISHAS NOTABLES

Oduduwa : l'un des *Irunmọlẹ* impliqués dans la création. Cité comme le petit frère d'*Ọbatala*, il a profité du sommeil de ce dernier pour exercer (usurper) le rôle de créateur d'hommes. Il est associé à l'utérus et est invoqué pour les femmes enceintes.

Ṣanpọna : orisha de la variole (et des maladies infectieuses), de la guérison. Egalement nommé *Babaluaye* ou *Ọmọ-Olu*

Osanyin : patron des plantes médicinales. Borgne, manchot et unijambiste.

Oṣoosi : patron de la chasse, de la forêt et de l'action humanitaire (charité, philanthropie).

Olokun : patron de la mer et des océans ainsi que de toutes créatures marines. Détient une certaine autorité sur tous les autres orishas aquatiques.

Aje : appelée aussi *Aje Olokun* parce qu'elle est la fille de Olokun et que la mer est (aussi) son domaine. Patronne du commerce et des affaires, elle est pourvoyeuse de richesses et de prospérité.

Ọya : une des trois épouses de *Ṣango*. Egalement nommée *Iyansan*, elle est la patronne du fleuve Niger (appelé *Oya* par les Yoruba), des tornades, du vent, de l'éclair.

Ọba : première épouse de *Ṣango*. Patronne du fleuve *Ọba*.

Oṣumare : orisha-serpent, patron de l'arc-en-ciel, représente le renouveau, la renaissance. Pourvoyeur de richesse.

Aganju : patron des volcans, des fleuves, du désert et du monde sauvage.

Erinlẹ : orisha associé à la chasse et aussi à la guérison.

Oko/Oriṣa Oko : patron de l'agriculture et des récoltes.

Ayan/Ayangalu: patron de la musique et de la danse.

Oro: orisha responsable de l'ordre public et de la justice; lié à une société très secrète.

Ọlọsa: orisha des lagunes.

Yewa: patronne de la rivière *Yewa*, associée à la virginité et à la chasteté.

Iya-Mapo: protectrice des activités et professions des femmes.

ENTITES COLLECTIVES

Il y a des entités du monde invisible auxquelles les hommes adressent un culte comme celui consacré aux orishas précités. Je ne suis pas en train de dire qu'elles ne sont pas aussi des orishas. J'ai voulu en parler à part à cause de leur nature exceptionnelle. En effet, contrairement à la plupart des orishas qui sont représentés par des personnages individuels, ceux dont je vais traiter ci-dessous agissent en groupe et incarnent plus des concepts que des personnages.

IBEJI : un orisha double qui représente le concept des jumeaux. Le taux de gémellité est réputé très élevé dans les naissances qui ont lieu au sein de l'ethnie yoruba. Il était normal que ce phénomène soit élevé au rang du sacré. De fait, les jumeaux sont littéralement traités comme des orishas vivants. *Ibeji* est un double-orisha qui représente tous les jumeaux et tous les jumeaux sont des incarnations de cet orisha. Aujourd'hui, en pays yoruba, même dans des familles qui se réclament d'autres religions, on observe la résurgence de pratiques liées aux croyances d'*Iṣẹṣe* lorsque des jumeaux naissent. Ces enfants sont désirés et chéris par tous car ils seraient pourvoyeurs de bonheur et d'abondance. Ils sont aussi craints parce que le fait de leur causer du tort peut vous exposer à des réactions dans le surnaturel. Il existe de nombreux témoignages de personnes ayant pratiqué une IVG sur des fœtus de jumeaux qui ont vu de terribles malheurs s'abattre sur eux. Ayant découvert par divination la source de leurs problèmes, ils sont obligés d'exécuter des rituels pour calmer la colère des jumeaux. Par ailleurs, la mort prématurée de l'un ou des deux jumeaux oblige aussi à des rituels qui comprennent la confection de statuettes à l'effigie de jumeaux. Cette coutume est vivace chez tous les Yoruba quelque soit leur religion.

EEGUN : c'est l'esprit des ancêtres. Quand les gens meurent, ils rejoignent automatiquement le groupe des *Eegun* de leur famille et agissent pour aider et protéger les membres de leurs familles qui sont vivants. Chacun de nous est donc lié à des *Eegun* puisque chacun de nous a des parents, grands-parents et aïeux qui sont déjà décédés. Quand je fais des rituels pour les *Eegun*, c'est pour les *Eegun* de ma famille et non pour des entités indéterminées. Il est recommandé de leur faire des offrandes régulièrement afin de toujours bénéficier de leur assistance. Il y a des familles qui adressent un culte plus prononcé à leurs *Eegun* par le biais de divers rites. Dans ces familles, les *Eegun* se manifestent publiquement par l'intermédiaire de personnes masquées et habillées de couleurs vives qu'on appelle *Egungun*. Les *Egungun* sont une manifestation extérieure (physique) des entités spirituelles que sont les *Eegun*. Mais les

Egungun ont aussi une fonction purement de divertissement.

ẸGBẸ ỌRUN (camarades de l'au-delà) ou tout simplement ***ẸGBẸ*** (groupe de camarades) : la tradition nous dit qu'avant de venir au monde, chacun de nous était dans l'au-delà où il évoluait au sein de groupes d'entités similaires à nous. Ces groupes sont comme des fraternités parfois très puissantes. En laissant le groupe pour venir au monde (par la naissance), il arrive que certains d'entre nous (certains pas tous) prennent de solides engagements envers le groupe. Engagements d'accomplir sur terre des choses pour le bien du groupe. Une fois sur terre, il peut arriver que l'on oublie de tenir promesse et cela peut entraîner la frustration de nos *Ẹgbẹ Orun* qui créeront des blocages plus ou moins graces dans notre vie. Ils peuvent même provoquer une mort prématurée violente. Ces cas particuliers sont souvent découverts par les personnes concernées après des séances de divination. Il est alors conseillé d'accomplir régulièrement des rituels pour apaiser ses *Ẹgbẹ*.

IYA MI : cette expression qui signifie littéralement « ma mère » désigne des entités maternelles du monde spirituel. Egalement appelées *Iyami Oṣoronga*, *Iyami Ajẹ*, *Iyami Ẹlẹyẹ* ou *Awon Iya Mi*, ces entités sont vénérées par les femmes. Mal connu parce que relativement secret, leur culte est parfois associées à tort à de la sorcellerie (maléfique).

ORI, MOI SPIRITUEL OU ORISHA PERSONNEL

En langue yoruba, le mot « *ori* » signifie « tête ». Mais ce terme désigne aussi un concept ou une entité spirituelle.

On dit que *Ori* est la chose la plus importante dans un individu et que tout ce qui est vivant (humain, animal, végétal) possède un *Ori*.

Ori est perçu comme la dimension invisible/astrale/spirituelle d'un individu et la personnification de sa destinée.

Dans la tradition yoruba, le concept du destin est appelé *Ipin* ou *Ayanmọ* et il est décrit comme une prédétermination de ce que sera la vie de chacun. Avant de venir au monde, chaque personne a choisi son destin (*Ipin*) devant *Olodumare* et en présence de *Ọrunmila*. Lors de ce choix, la nature du destin n'est pas connue d'avance par celui qui choisit car les destins sont dans des contenants de diverses tailles (qui peuvent biaiser le choix de certains). Ces contenants sont appelés *Ori*. C'est à partir de là que le destin se confond presqu'avec le concept de *Ori*.

Mais *Ori* est considéré comme un orisha à part entière et est traité comme une personnalité distincte dans les récits sacrés. *Ifa* raconte que *Ori* est venu sur terre de la même façon que tous les autres *Irunmolẹ* mais il était un handicapé physique. Une fois sur terre, les *Irunmolẹ* se disputaient le droit d'aînesse et ont décidé de lutter pour déterminer qui serait le senior. *Ori*, malgré son handicap, a vaincu à la lutte chacun des autres *Irunmolẹ* et les a envoyé (projeté) chacun dans leur territoire assigné. Cette histoire sert à illustrer la supériorité de *Ori* par rapport à tous les autres orishas et aussi à montrer son rôle dans l'assignation du destin de chacun (même celui des *Irunmolẹ*).

Ori peut être vénéré de la même manière que les autres orishas en ce sens qu'on peut lui adresser des invocations et des offrandes. A la différence que ces actes s'adresseront chaque fois à notre *Ori* personnel et non à celui d'autres personnes. Certains *Babalawo* disent que *Ori* devrait être le premier orisha vénéré par chacun et que si l'on ne devrait se consacrer qu'à un seul orisha, cela devrait être notre *Ori*. Ils conseillent aux gens de chercher à connaître leur *Ori* avant d'aller chercher des solutions auprès d'autres orishas car l'ignorance des implications de notre *Ori* peut rendre vaines des entreprises spirituelles et physiques.

IFA, SYSTEME DE DIVINATION ET LIVRE SAINT

Ifa n'est pas LA religion yoruba. Il est vrai que les rites et pratiques de la spiritualité yorouba s'articulent autour d'*Ifa* mais il est impropre de dire qu'*Ifa* est la religion yorouba.

Ifa est une géomancie. C'est la science et la technique de divination des yoroubas. C'est l'outil qui permet aux humains de recevoir les messages des entités du monde spirituel.

Les spécialistes de cet art divinatoire portent le titre de *Babalawo (Baba al'awo <= Baba oni awo)* que l'on peut traduire par « père des secrets initiatiques ». Lorsque ce sont des femmes – elles sont rares mais il y en a – on les appelle plutôt *Iyanifa*.

Traditionnellement, les *Babalawo* font partie d'une « caste ». Notons bien que le système de caste n'existe pas réellement chez les yoroubas mais j'ai dit cela parce que la science d'*Ifa* est transmise de parent à enfant au sein d'une même famille. Il n'y avait pas de système d'écriture. Toutes les connaissances relatives à cette science devaient être transmises oralement et retenues de mémoire. L'enseignement des *Babalawo* par leurs parents commence donc dès leur plus jeune âge et se poursuit sur de nombreuses années.

On ne devient pas *Babalawo* par droit de sang. On le devient après des années d'apprentissage et de pratique et après que le *Babalawo* qui vous a enseigné vous juge digne de ce titre et capable d'officier seul. C'est pour cela que c'était plus pratique de transmettre cette science au sein de la famille où les enfants-apprenants étaient plus disponibles auprès de leurs géniteurs-instructeurs. Cependant, il y a eu des cas de personnes qui n'étaient pas issues d'une famille de *Babalawo* qui ont souhaité apprendre cette science et qui ont pu l'apprendre. Dans de pareils cas, ce souhait était soumis au bon vouloir du *Babalawo*. Et si ce dernier le voulait, il pouvait demander une donation en nature ou en espèces en tant qu'honoraires.

Les dépositaires d'*Ifa* sont révérés, respectés, honorés. Ils gardent donc jalousement leur savoir et ne le transmettent qu'à ceux qu'ils veulent bien.

Ifa est le canal de communication des entités du monde spirituel vers les êtres humains. Mais cette communication ne se fait pas de façon magique par le cerveau ou l'esprit du *Babalawo*. Le *Babalawo* n'est pas un mage clairvoyant. C'est un technicien. Et *Ifa* est plus une science basée sur une méthode d'interprétation de signes. Quand une question lui est soumise, le *Babalawo* utilise ses outils pour obtenir des signes qui vont servir à trouver une réponse.

LES OUTILS D'IFA

Le système de divination d'*Ifa* implique l'utilisation d'un certain nombre d'outils. Chacun de ces instruments est employé dans un but précis et joue dans le processus un rôle très important si ce n'est indispensable.

En voici les plus importants :

Opon Ifa : la table de divination

C'est plutôt un plateau en bois. Il est de forme circulaire en général mais on en trouve de forme rectangulaire aussi. Sur ce plateau, une substance sera étendue et manipulée. Le rebord du plateau est donc légèrement surélevé afin que la poudre ne déborde pas. Ce rebord est gravé de motifs divers pendant que l'intérieur du plateau est plat et lisse.

Iyerosun : la poudre sacrée

C'est une poudre que le *Babalawo* renverse et aplanit en une couche uniforme sur le plateau et dans laquelle il tracera les différents signes qui lui seront révélés au cours de son opération. Cette poudre provient d'un arbre particulier appelé *Irosun*. On dit que cet arbre est connecté au monde spirituel. En principe, la poudre est le résultat de la décomposition par les termites de cet arbre.

Elle est quasi indispensable pour l'opération de divination.

Iroke Ifa : le maillet

Iroke Ifa est un objet effilé et de forme quasi-cylindrique. Le *Babalawo* le tient dans la main droite et le frappe de façon rythmique sur la table de divination pendant qu'il récite les incantations d'ouverture.

C'est un objet qui était jadis sculpté dans de l'ivoire mais il pouvait aussi être en cuivre ou en bois. C'est surtout le bois qu'on retrouve plus aujourd'hui. La partie supérieure est taillée comme le bout d'une défense d'éléphant. En dessous, est gravée soit une tête humaine soit un corps humain entier. Et en bas, un cylindre avec divers motifs gravés. L'intérieur de cet objet est rendu creux de sorte à pouvoir y placer une petite bille métallique qui produira un certain bruit en mouvement.

Ikin Ifa (les noix sacrées) & ***Opele Ifa*** (la chaîne sacrée)

Comme nous l'avons mentionné plus haut, tous les outils de divination que nous citons sont importants et ont chacun un rôle précis. Mais s'il fallait pointer le plus important, ce serait sans doute *Ikin Ifa* et *Opele Ifa* qui sont deux outils différents qui servent à la même fonction : déterminer la combinaison de codes binaires qui formera un *Odu*. Donc l'un est utilisé quand l'autre n'est pas disponible ou nécessaire.

Ikin Ifa : C'est un lot de noix que l'opérateur d'*Ifa* utilise pour déterminer les figures révélées par l'opération de divination. Les *Ikin* sont en fait des noix de palme débarrassées de leur pulpe. Pour *Ifa*, on choisit les noix qui ont plusieurs œillets à leur base (3, 4 ou 5. Plus rarement 6). Les noix glanées sont consacrées au cours d'une cérémonie avant de pouvoir être utilisées dans les divers rituels *Ifa*.

Opele Ifa : C'est une chaîne composée de huit moitiés de noix de l'arbre appelé *Opele*. Lorsque les noix tirées de cet arbre sont fendues en deux, chaque moitié comporte un côté concave et un côté convexe. Ces huit demi-noix sont reliées par une chaîne de sorte à laisser un espace entre chaque demi-noix. L'espace entre la quatrième demi-noix et la cinquième est beaucoup plus large. C'est par cette portion intermédiaire que le *Babalawo* tiendra la chaîne pour procéder à l'opération de divination. *Opele* joue le même rôle que les *Ikin Ifa* mais il a une importance moindre en ce sens que *Opele* est utilisé quand le *Babalawo* est en déplacement et qu'il ne peut pas emporter tout l'équipement qu'exige les *Ikin Ifa*. Et en général, on utilise *Opele* pour des questions jugées moins cruciales.

Irukere (Iruke Ifa) : C'est un chasse-mouche en queue de cheval utilisé au cours des rituels pour chasser les forces négatives et purifier l'atmosphère.

Il existe d'autres outils et objets de moindre envergure qui font partie de l'attirail habituel du *Babalawo*. Ces objets sont disponibles à l'achat auprès de certains vendeurs spécialisés dans les marchés du pays. Aujourd'hui, on en trouve même en ligne sur des sites spécialisés. Mais si n'importe qui peut acquérir ces instruments, il faut une consécration rituelle faite par un initié responsable pour les rendre sacrés et donc efficacement utilisables.

LE PROCESSUS DE DIVINATION DANS IFA

Quand une question est soumise au *Babalawo* lors d'une consultation, celui-ci va mettre en œuvre ses outils ainsi que sa science pour trouver l'*Odu* qui correspond à cette question. Il l'interprétera en vue de fournir des réponses à la personne venue en consultation.

Les *Odu* sont un ensemble de textes. On pourrait dire que les *Odu Ifa* sont le livre saint d'*Iṣẹṣe*. Un livre oral dont les chapitres ou tomes ou volumes sont les 256 *Odu*.

Il y a donc 256 (16 + 240) Odu Ifa. Il y a seize *Odu* primaires qu'on surnomme les *Meji* ou encore *Oju Odu* et 240 autres *Odu* qui sont en fait des combinaisons des 16 premiers *Odu*.

Chacun des 256 *Odu* a un nom et chacun est représenté par une combinaison de signes binaires (I & II). C'est une telle combinaison de signes que le *Babalawo* cherchera à trouver au cours de son opération. Pour cela, le prêtre d'*Ifa* utilisera soit les *Ikin Ifa* (les noix), soit le *Opele Ifa* (la chaîne).

S'il a décidé de faire une consultation avec *Ikin Ifa*, le *Babalawo* aura mis en place le plateau de divination (*Opon Ifa*) sur lequel il a répandu la poudre sacrée (*Iyerosun*). Il commencera par réciter une série d'invocations. Pendant ces invocations, il donnera des coups rythmiques sur le plateau à l'aide du maillet sacré (*Iroke Ifa*). Ensuite il placera seize noix dans sa main gauche, la paume tournée vers le haut puis il essayera de ramasser les noix d'un seul coup avec la main droite. Si de ce tirage, il reste une noix dans la main gauche, le *Babalawo* trace un trait vertical dans la poudre sur le plateau de divination. S'il reste deux noix, il trace deux traits. S'il ne reste aucune noix ou bien s'il y en a plus de deux, le tirage n'est pas valide et il ne trace aucun signe. Il procédera ainsi jusqu'à trouver l'ensemble des traits et des double-traits qui identifie une Odu. Par conséquent, il lui faut faire huit tirages valides.

Si en revanche, le *Babalawo* a décidé de faire sa consultation avec la chaîne (*Opele Ifa*), il n'aura pas de besoin de la poudre *Iyerosun*. Et s'il est en déplacement hors de chez lui, il peut choisir de ne pas utiliser le plateau *Opon* non plus. Après avoir récité ces invocations d'ouverture, il va procéder au jet de la chaîne : en la tenant par le milieu de sorte à ce pende quatre moitiés de noix de chaque côté, il va la jeter doucement devant lui. Les huit demi-noix tombent, chacune, soit en position ouverte (concave) soit en position fermée (convexe). Une position fermée correspond à un 0 (qui donnera deux traits verticaux) et une position ouverte à un 1 (qui donne un trait vertical). Ainsi avec un jet de la chaîne, on obtient un Odu.

Lorsque l'Odu est déterminé, le *Babalawo* va le déclamer de sorte à ce que le consultant puisse l'entendre. Chaque *Odu* est composé de nombreux – des centaines – vers ou versets appelés *Ẹsẹ Odu* que le prêtre d'*Ifa* est censé connaître de mémoire. Les *Odu* sont généralement des récits mythologiques traitant de l'origine de diverses choses ou de l'histoire de telle ou autre entité. On dit que les contenus des *Odu* couvrent l'ensemble des questions de la vie. Ainsi quand le *Babalawo* a trouvé un Odu et l'a récité, il l'interprétera pour donner des réponses, des recommandations au consultant. Il ne terminera pas sans prescrire aussi des sacrifices ou offrandes à faire.

Une consultation d'Ifa est toujours suivie d'offrandes rituelles. Ces offrandes sont déterminées par le *Odu* qui a été révélé au cours de la consultation. En général, il y a toujours une offrande à *Ọrunmila* qui est l'incarnation d'*Ifa* ainsi qu'une offrande à *Esu*, son partenaire qui est le porteur des offrandes. Des sacrifices seront dédiés aussi à d'autres orishas selon leur champ d'action en fonction du problème.

Après ces sacrifices, il est procédé à une autre consultation pour savoir s'ils ont été acceptés. Et le travail du *Babalawo* finit là en principe.

En effet, la fonction normale du *Babalawo* consiste à aider à trouver des réponses à une situation puis à conduire des sacrifices en vue d'obtenir une solution ou des faveurs du monde spirituel. Mais dans les faits, beaucoup de *Babalawo* jouent aussi une fonction d'*Oniṣegun* (guérisseur, apothicaire, herboriste...).

OGUN ṢIṢE, LA MEDECINE TRADITIONNELLE

On confond trop souvent *Babalawo* et *Oniṣegun*. Une confusion qui est à la base de certaines mauvaises opinions sur la religion yoruba.

Le *Babalawo* est un officier religieux ou spirituel. Un prêtre en quelque sorte.

L'*Oniṣegun* est un concepteur de remèdes ou potions diverses. Un guérisseur en quelque sorte.

Le *Babalawo* fonctionne avec *Ọrunmila*, orisha de la divination tandis que l'*Oniṣegun* travaille avec *Ọsanyin*, orisha des plantes médicinales.

Le *Babalawo* répond aux questions par le biais de la divination (*Ifa*) et propose des solutions par des offrandes (*ebọ*) aux orishas. L'*Oniṣegun*, lui, se base sur les connaissances qu'il a acquises pour proposer des remèdes à des problèmes physiques ou spirituels. Il utilise des plantes, des organes d'animaux, des minéraux pour concevoir décoctions, onguents, encens, amulettes, etc.

Comment est-on arrivé à une confusion entre ces deux métiers ? J'ai une petite théorie :

Dans un passé lointain où on ne connaissait rien de la médecine moderne, l'*Oniṣegun* était un personnage central dans les communautés puisque c'est à lui qu'on s'en remettait pour guérir les petits et les grands maux du corps et de l'esprit. Il travaillait probablement souvent en aval du *Babalawo*. Mais avec l'arrivée des vaccinations, des médicaments modernes et autres pratiques médicales et hygiénistes, le rôle du *Onişegun* a considérablement diminué. Désormais, il fait autre chose pour gagner sa vie et il n'exerce ce titre que parce qu'il a conservé des secrets transmis à lui par un vieux sage. Et il n'est sollicité que pour les maladies incurables par la médecine moderne ou celles considérées carrément comme mystiques. Et c'est là que commence la confusion des rôles puisque beaucoup d'*Onişegun* vont commencer à pratiquer *Ifa* (avec plus ou moins de maîtrise) pour donner un cachet sacré à leur activité. La plupart de leurs opérations se concluront par des prescriptions de remèdes ou talismans divers. En fait, beaucoup de praticiens qui exercent dans nos pays aujourd'hui, et que l'on appelle parfois abusivement *Babalawo*, sont juste des *Onişegun* qui ont appris un peu Ifa. Parfois, ce sont même simplement ce qu'on appelle des *Adahunşe* (de simples amateurs qui ont glané quelques secrets ici et là).

Babalawo et *Onişegun* sont deux fonctions distinctes. Aujourd'hui, il est commun de voir une même personne exercer ensemble ces deux métiers. Très souvent, il a une formation de base dans l'un puis il est allé s'initier à l'autre par nécessité. Il peut être sincère dans l'exercice des deux mais rarement excellent au même titre. Mais tant que le client final est satisfait, il n'y a pas de problème...

AṢẸ

En langue yoruba, le mot « *aṣẹ* » signifie « pouvoir ; autorité ; commandement ». Ce phonème peut également être décomposé en la phrase « *A ṣẹ* » qui veut dire « qui va se produire ». C'est une expression qui dans la langue yoruba à la même fonction que le « Amen » ou « Ainsi soit-il » de la langue française.

Dans la tradition yoruba, il existe un concept similaire à la prière qu'on appelle *Iwure*. Il est différent de la prière des religions abrahamiques en ce sens que cela ne consiste pas en des litanies et en des gestes consacrés qu'il faut répéter régulièrement. La décomposition du terme (*I wu ire*/*I wi ire*) donne la signification « expression de bonnes paroles/bénédictions ». *Iwure* est une récitation de bénédictions. Ces bénédictions sont formulées au futur et sont l'affirmation des choses que l'on souhaite et la négation de ce que l'on ne souhaite pas. Ces bénédictions peuvent être formulées pour soi-même ou pour autrui. C'est un art de la parole maîtrisé par les plus âgés et imité par les plus jeunes. Et que l'on retrouve dans la manière dont les personnes d'expression yoruba font les bénédictions dans les assemblées chrétiennes et musulmanes. Bref, à l'origine, *Iwure* est une parole de commandement à laquelle ceux qui écoutent et qui souhaitent l'exaucement répondent en disant « *aṣẹ* ».

Dans un autre contexte, *Aṣẹ* est aussi l'autorité d'*Olodumare*. Autorité qu'il accorde à d'autres entités et sans laquelle rien ne peut se produire. Par exemple, dans l'histoire de la création du monde, *Olodumare* a donné instruction à *Ọbatala* de créer la terre et les humains. *Ọbatala* a façonné les humains à l'aide de l'argile mais c'est par l'autorité (*aṣẹ*) d'*Olodumare* que ces hommes ont eu le souffle de vie.

POUR ALLER PLUS LOIN

Il y a encore beaucoup à dire à propos d'*Iṣẹṣe*. Et ce seul livre est loin de pouvoir tout dire.

Mon intention, avec cet ouvrage, était d'apporter un éclairage général suffisant pour les profanes et les curieux afin de leur donner les moyens de mieux s'orienter dans la recherche de connaissances sur la culture yoruba en général et sur la religion ou la spiritualité yoruba en particulier.

A ce stade, il est possible que vous ayez des préoccupations sur un aspect que je n'ai pas assez développé. Eh bien, je reste disposé à répondre à toutes vos questions. Il vous suffira de me contacter via l'une des plateformes Internet du projet JE SUIS YOROUBA.

Kolawolé SEIDOU

admin@jesuisyorouba.com

www.jesuisyorouba.com

Printed in France by Amazon
Brétigny-sur-Orge, FR